BEI GRIN MACHT SICH IHR WISSEN BEZAHLT

- Wir veröffentlichen Ihre Hausarbeit,
  Bachelor- und Masterarbeit

- Ihr eigenes eBook und Buch -
  weltweit in allen wichtigen Shops

- Verdienen Sie an jedem Verkauf

Jetzt bei www.GRIN.com hochladen und kostenlos publizieren

Hans-Jürgen Borchardt

Benchmarking - die einfachste Form von anderen zu lernen

GRIN Verlag

Bibliografische Information der Deutschen Nationalbibliothek:

Die Deutsche Bibliothek verzeichnet diese Publikation in der Deutschen National-
bibliografie; detaillierte bibliografische Daten sind im Internet über http://dnb.d-
nb.de/ abrufbar.

Impressum:

Copyright © 2010 GRIN Verlag, Open Publishing GmbH
Druck und Bindung: Books on Demand GmbH, Norderstedt Germany
ISBN: 978-3-640-76546-1

Dieses Buch bei GRIN:

http://www.grin.com/de/e-book/162773/benchmarking-die-einfachste-form-von-
anderen-zu-lernen

GRIN - Your knowledge has value

Der GRIN Verlag publiziert seit 1998 wissenschaftliche Arbeiten von Studenten, Hochschullehrern und anderen Akademikern als eBook und gedrucktes Buch. Die Verlagswebsite www.grin.com ist die ideale Plattform zur Veröffentlichung von Hausarbeiten, Abschlussarbeiten, wissenschaftlichen Aufsätzen, Dissertationen und Fachbüchern.

Besuchen Sie uns im Internet:

http://www.grin.com/

http://www.facebook.com/grincom

http://www.twitter.com/grin_com

Benchmarking. Die einfachste Form von den anderen zu lernen

Einleitung
Obwohl der Verdrängungswettbewerb eine nie gekannte Vielfalt und Härte erreicht hat, wird er weiter zunehmen. Aus diesem Grund zeigen nahezu alle Märkte die gleichen Tendenzen:

1. Das Überangebot wird bleiben.
2. Die Spezialisierung (die Suche nach Nischen) wird zunehmen.
3. Die Service- und Dienstleistungsangebote werden immer individueller.
4. Die Sättigungserscheinungen werden sich verstärken.
5. Die Informationsvielfalt und der Informationsdruck werden weiter zunehmen.
6. Die Qualitäten gleichen sich immer mehr an.
7. Die regionalen Einzugsgebiete der Kleinbetriebe werden größer. Damit nimmt automatisch die Zahl der Wettbewerber zu.
8. Die Erwartungshaltung für wenig Geld gute Leistungen zu erhalten, wird immer ausgeprägter.
9. Die Zahl der Quereinsteiger wird zunehmen und
10. die Zahl der Existenzgründer, die sich über den Preis positionieren wollen bzw.
    müssen, weil sie nichts Besonderes zu bieten haben, wird weiter wachsen.

Zusammenfassend muss festgestellt werden, dass der Wettbewerb weiterhin zunehmen wird. Der Erfolg eines Unternehmens wird in Zukunft –mehr als in der Vergangenheit- davon abhängen, inwieweit es sich auf die sich permanent verändernden Markt- und Wettbewerbsbedingungen einstellen kann.

Einfacher geht's kaum
Eine einfache und relativ schnelle Methode, dem sich verschärfenden Wettbewerb zu begegnen, ist das Benchmarking. Benchmarking ist eine Erweiterung der direkten Angebots- und Leistungsvergleiche. Während beim reinen Angebots- und Leistungsvergleich nur gleichartige Betriebe berücksichtigt werden, können beim Benchmarking auch aus anderen Branchen besonders erfolgreiche Betriebe ausgesucht werden, um sich mit Ihnen zu vergleichen. Wenn solche Unternehmen gefunden sind, wird nach den Ursachen des Erfolgs gefragt. Sind die Gründe des Erfolgs erkannt und analysiert, lautet die Fragestellung: "Kann ich diese Maßnahmen und Aktivitäten auf den eigenen Betrieb übertragen?"

Benchmarking ist ein Begriff aus dem englischen Handwerk und hat ursächlich mit Marketing nichts zu tun. Das Prinzip vom Benchmarking ist ganz einfach und simpel, man sucht sich besonders erfolgreiche Unternehmen und analysiert, was diese anders bzw. besser machen.

Beispiel 1
Ein besonders erfolgreicher Malerbetrieb garantiert seinen Kunden pünktlichen Arbeitsbeginn und verspricht, bei Überschreitung des zugesagten Termins von mehr als 15 Min., eine Stunde kostenlos zu arbeiten. Wenn Sie sich bspw. diesen Betrieb ausgesucht hätten, könnten Sie sich fragen, ob sie ebenfalls mit diesem Angebot werben wollen.

Wichtig bei Benchmarking ist, sich nicht nur zu fragen: „Kann ich ein derartiges Angebot direkt übernehmen?" sondern zu überlegen: „**Wie** wäre das Angebot speziell auf meine Situation zu übertragen?" Z.B. „Kann ich einen verbindlichen Endtermin (mit oder ohne Vorbehalte) geben? Oder, welche Leistungen erbringe ich kostenlos, wenn das nicht Einhalten einer Zusage mein Verschulden ist? Oder kann ich andere Leistungsversprechen geben, die das Entscheidungsverhalten der Kunden beeinflussen?"

Beispiel 2
Die Inhaberin einer kleinen aber feinen Werbeagentur setzt sich regelmäßig mit ihren Mitarbeitern zusammen und fragt: „Wie können wir unsere Leistungen so gestalten bzw. verbessern, dass man mit uns noch zufriedener ist?

Diese Fragestellung ist im Prinzip von jeden/r Unternehmensinhaber/in zu übernehmen.
Aber auch diese Fragestellung ist einfach zu erweitern, denn es geht um die Frage, wie man seine Leistungen, sein Angebot verbessern kann. Zu besseren Ergebnissen würde man kommen, wenn man die Kunden direkt befragen würde.

Eine Alternative wäre auch noch, wenn man alle Kunden die reklamieren, fragen würde: „Wie hätte ihrer Meinung nach der von uns verursachte Fehler vermieden werden können?

Zusammenfassung:
Benchmarking ist das Abgucken erfolgreicher Leistungen und Maßnahmen. Das Übertragen auf die eigene Situation ist relativ leicht und einfach.

2. Die Vorteile
Die Vorteile dieses Vorgehens liegen auf der Hand. Man kann erfolgsbeeinflussende Leistungen und Angebote mehr oder weniger direkt von anderen Betrieben übernehmen. Das geht schnell, kostet kein Geld, wenig Zeit und ist relativ risikosicher.

Für viele Kleinunternehmer/innen ist diese Methode besonders lukrativ, weil Benchmarking in der vereinfachten Form keinerlei Ausbildung oder Vorwissen verlangt. Wichtig ist nur, dass die richtigen Vorbilder ausgesucht werden. Aber auch das ist nicht schwer, denn es wird wohl kaum Inhaber/innen geben, die sich Vorbilder aussuchen, die sich über den Preis positionieren.

3. Die Praxis
In der Praxis gibt es drei Möglichkeiten Benchmarking zu betreiben:

1. Internes Benchmarking
Internes Benchmarking fragt –radikal vereinfacht- „Welche Leistungen (vom Betriebsablauf bis zum Marketing) können wir verbessern?"

Bei dieser Fragestellung werden die eigenen Arbeitsabläufe, das eigene Angebot, die eigenen Leistungen, der Service, das Marketing, der Unternehmensauftritt Schritt für Schritt analysiert. Bei jeden Schritt wird gefragt: „Was können wir machen, damit wir wettbewerbsfähiger werden?

Normalerweise werden beim Benchmarking die Kunden nicht mit einbezogen. Dieser Fehler sollte aber nicht begangen werden, denn der Köder muss dem Fisch und nicht dem Angler schmecken. Daher ist es empfehlenswert, die möglichen Kunden zu den geplanten Verbesserungen zu befragen, bevor die neuen Ideen bzw. Maßnahmen realisiert werden.

2. Horizontales Benchmarking
Beim horizontalen Benchmarking vergleichen sich Betriebe aus der gleichen Branche, mit ähnlicher Struktur und etwa gleicher Größe.

Das horizontale Benchmarking, also der Vergleich mit den direkten Wettbewerbern, ist besonders gut geeignet, weil er am einfachsten ist. Um ein umfassendes Bild zu erhalten, wird der Vergleich gegliedert und systematisiert. Es wird gefragt:

1. Wodurch unterscheiden sich mein Angebot und meine Leistungen von denen erfolgreicheren Konkurrenten?

2. Wie vermarktet sich der Betrieb? Welche Marketingleistungen des Wettbewerbers beeinflussen den Erfolg besonders nachhaltig?

Wenn die Ergebnisse gesammelt sind, ist es –wie immer- sinnvoll, diese zu gewichten. Dafür ist die folgende Unterteilung notwendig:

Sehr wichtig
Wichtig
Weniger wichtig

Die sehr wichtigen Erkenntnisse müssen so schnell wie möglich bei den Kunden hinterfragt werden. Dabei sollten Sie überlegen, welche Leistungen Sie direkt 1:1 übernehmen, **oder ob es Möglichkeiten gibt, diese noch zu verbessern.**

Die wichtigen und weniger wichtigen Erkenntnisse werden anschließend abgearbeitet. Beachten Sie unbedingt, dass es das Beste ist, gute Leistungen auszubauen, damit Sie möglichst schnell zu einem (exklusiven) Alleinstellungsmerkmal kommen. Natürlich müssen auch vorhandene Defizite abgebaut werden aber der Schwerpunkt muss auf dem Aufbau/Ausbau von besonderen (besseren) Leistungen liegen, weil Sie diese sofort vermarkten und bewerben können.

3. Vertikales Benchmarking
Beim vertikalen Benchmarking werden besonders erfolgreiche Betriebe aus anderen Branchen gesucht. Ist ein solcher Betrieb gefunden, wird untersucht, welche Leistungen zu seinem Erfolg geführt haben, siehe Beispiel 1. Anschließend wird die Frage gestellt, ob die Übernahme dieser Leistung(en) in gleicher oder ähnlicher Form den eigenen Erfolg steigern kann.

Beim vertikalen Benchmarking sind die Fragen und die Vorgehensweise im Prinzip identisch wie beim horizontalen Benchmarking.

4. Weitere Möglichkeiten
Wenn Sie horizontales oder vertikales Benchmarking betreiben, haben Sie –wie beschrieben- die Möglichkeit, sich auf die erfolgsgenerierenden Maßnahmen zu konzentrieren, um diese unverändert oder ähnlich zu übernehmen. Sie können

die Gelegenheit aber auch nutzen und einen generellen Leistungsvergleich vornehmen. Sie können den Fragenkatalog erweitern und zusätzliche Fragen stellen, bspw.:

1. Welche Unterschiede gibt es in der Betriebsführung? Dazu gehören Fragen wie Arbeitsplanung und –ablauf, Entlohnung, Mitarbeiterführung, Organisation etc.

2. Welche Unterschiede gibt es noch bei den kundenorientierten Leistungen? Z.B. Reklamationsbehandlung, (denken Sie an den erfolgreichen Textil-Versandhandel Land-Ends, wo Sie gekaufte Textilien auch noch nach Jahren zurückgeben können), Pre-Sales-Service, After-Sales-Service etc.

3. Welche Umfeldbedingungen sind anders bzw. besser? Lage, Größe, Image, Alter des Betriebes etc.

So können Sie Wettbewerbsanalyse und Benchmarking in einem Arbeitsgang verbinden.

Schlussbemerkung: Je detaillierter das Benchmarking durchgeführt wird, desto mehr vermarktungsfähige Unterschiede werden gefunden. Wenn mehrere Möglichkeiten gefunden werden, sollte sehr intensiv darüber nachgedacht werden, welches Argument das wichtigste ist und als Generalaussage eingesetzt werden kann.

Ist die Generalaussage gefunden, muss mit den Mitarbeitern in aller Ruhe und Sorgfalt die Umsetzung besprochen werden. Die Einbindung der Mitarbeiter ist ein „Muss", damit sie ihre eigenen Gedanken und Ideen einbringen können. Je intensiver diese gemeinsame Diskussion geführt wird, je mehr fühlen sie sich in die Zielsetzung eingebunden und können sich mit dem von ihnen (mit-) erarbeiteten Leitbild identifizieren.

November 2010
Hans-Jürgen Borchardt